Volker Friebel

Oberleitungsschaden

Gedichte

Edition *Blaue Felder*

FSC
www.fsc.org
MIX
Papier aus verantwortungsvollen Quellen
Paper from responsible sources
FSC® C105338

Edition *Blaue Felder*,
Denzenbergstraße 29, 72074 Tübingen (Deutschland)
www.Blaue-Felder.de

Texte, Foto und Gestaltung: Volker Friebel

Veröffentlichung: August 2013

ISBN Papierausgabe: 978-3-936487-48-0
ISBN eBuch, epub-Format: 978-3-936487-49-7
Außerdem erschien eine Version für Amazon Kindle

Inhalt

Klippe im Grasland

Eisvogel

Felswand am Waldbach,
angebrochene Erdzeitalter.
Aus Jahrmillionen sind Steine gestürzt
ins allgegenwärtige Wasser.

Regen beginnt.
Am Mann auf der Matte vorbei
flitzt ein Eisvogel, verschwindet um die Biegung
hinter den Schnellen.

Die Bewegung der Seele sieht keiner.
Vielleicht, weil sie so langsam geschieht
wie Steine reden, weil sie so durchsichtig ist
wie das Wasser.

Haselnussblätter

Haselnussblätter,
hängengeblieben an Steinen
im Waldbach.

Vom strömenden Wasser geschaukelt,
schaukeln das Wasser sie.

Weiß geblieben

Aus dem Himmel fällt Laub.
Ich lausche dem Rauschen des Windes,
Farben wehen um mich.

Mein Atem ist weiß geblieben,
bisher.

Nachhall

Wie Gras sich im Wind wiegt,
wie die Sonne an jedem Punkt ihres Bogens besteht,
wie ein Vogel im frischen Grün alter Buchen singt,
wie meine Seele in allem hallt
und sich finden kann.

Baustromkasten

An die alte Holzbrücke
ist ein Baustromkasten gestellt,
Kabel verschwinden im Gras.

Der Bach strömt unruhig, angeschwollen
vom Frühlingsregen.

Junge Birken

Zwischen rostenden Schienen am Fluss
stehen Birken,
verwandeln das Licht.

Vor ihrem Grün
wird mein Herz ruhiger.

Jemand

Nebel wogen am Dorf.
Zwischen Apfelbäumen
ist ein Wagen geparkt.

Jemand steigt aus,
späht in das bunte Laub.

Widersteht

Am Abgrund lauschen.
Auf jedem Blatt dieser Buche
lastet Abenddämmern.
Und jedes Blatt
widersteht.

Der Abend

Unter weißem Himmel
ist der Abend entstanden im Gras.
Auf der Bank sitzt ein Mann,
sein Schatten geborgen
im Schatten der Welt.

Keiner

Zwischen Stämmen im Wald
hat die Dämmerung begonnen.
Wie sie das Rauschen des Windes
verdunkelt – und die Stille
der Seele.

Kein Vogel pfeift,
keiner.

Lichteinfall

1

Im fischdurchwobenen Wasser
flimmert der Himmel.
Ein Spatz landet, wippt,
er fordert dich, scheint es,
zum Fliegen heraus.

2

Ein Wunder, wie jeder Atemzug schmeckt,
ein Wunder, wie die Bilder in uns sich ereignen.
Aber die Schwerkraft hält uns gefangen.

Pfeif ein Lied durch die Gitterstäbe, das niemand hört.
In den anderen Käfigen schauen sie fern.

Schlag einen Purzel. Greif Wein und Brot
aus dem Steigen und Fallen der Aktienkurse.

Hangel den Kletterbaum hoch. Mach Männchen.
Kritzel auf Stimmzettel Kreuze.

3

Schau ich hoch vom Papier in die Welt,
blendet mir Sonne die Augen.

Wie wir die Fülle zu regeln versuchen,
die Iris mit dem Lichteinfall ändern.

Wie die Fülle uns regelt,
unsere Iris verengt.

4

Alles erfinde ich neu,
hier in der Stille,
auf einer Bank mit Blick übers Tal,
auf rote Dächer des Dorfs,
in den Himmel, der weiß ist.

Die Welt ist ein Traum.
Doch wenn meine Pupillen sich
dem wechselnden Licht anpassen,
dann werde auch ich
Teil dieser Welt.

5

Grillen zirpen vom Licht.
Ein Flugzeug fliegt zum Naturschutzkongress.
Sonnenkollektoren, Sonnenschutzcreme ...
Ich hab vergessen, welche Schicht
der Atmosphäre ultraviolette Strahlung abhält,
aber ‚beschädigt' ist, doch ich erinnere
das Gesicht meiner Mutter. Gras ist grün
wie die Hoffnung und eine Fläche
im Wasserfarbkasten. Überall Träume.
Der Mafia-Boss lächelte nie,
heut lächelt jeder, ich fühl mich verloren
in dieser Welt, den Glücks-Cent
heb ich nicht auf, den lass ich
dem zirpenden Gras, den Blick nur
heb ich, zu roten Dächern
des Klosters.

6

Die Staatssicherheit hat alle Spiegelbilder
befestigt im See. Am Weidenstumpf die Kamera
ist schwenkbar, so wie der Wind weht.
Der Himmel ist schrecklich, er erinnert uns
an diese unbekümmerte Freiheit des Lichts, uns,
Kinder der Freiheit, herausgefallen, eingeklemmt
zwischen Fernseher und Stechuhr.
Wir schauen nicht oft mehr auf.

7

In den Himmel gerichtete Antennen,
sie lauschen nicht auf die Nachrichten der Wolken,
sondern nach Echos, nach Menschen,
nach dem, was auf der Erde geschieht,
nach Ablenkungen
von diesem unendlichen Blau.

8

All die Reize, die ich zulasse,
die ich selbst setze, damit ich nicht plötzlich
die Stille höre und in der Stille
mein sterbliches Herz.

All die Lügen, die ich so halb übernehme,
damit ich mich dem Angesicht der Menschen
nicht stellen muss, so wie es
zwischen Bäumen sich wirklich zeigt.

All der Müll, den ich in meine Wohnung
stopfe, damit ich nicht
die Farben vom Himmel nehmen
und an weiße Wände zeichnen muss.

9

Das Vollkommene, zerborsten ist es
am Anfang der Zeit. Wir sind das, was sich
aus den Splittern neu zu fügen versucht.

Das Eine, das wir zu erinnern meinen,
wir bauen mit unseren Gerüsten auf es hin,
es will in uns sich verwirklichen.

10

Buchenhallen. Ein Wildpfad.
Die Vogellieder sind dem Herzen vertrauter als alles,
was aus Lautsprechern kommt.
Eine Hand auf der Baumrinde.
Ja. Näher dran als zwischen den Menschen.
Weil die Menschen verloren gingen
auf ihrem Weg durch den Wald.
Doch dem Blick in ein Buchenauge
fehlt die Verheißung.
Die ist nur in den Augen
von Menschen.

11

Brunnenrauschen im Wald.
Die Gräser zieht es zur Sonne.
Nur ich kann mich nicht entscheiden,
weil ich meine Wahrheit nicht kenne,
weil ich sie suche, bei den Wassern,
die einfach nur strömen, bei den Gräsern,
die einfach nur beugen im Wind,
bei der Sonne, die einfach nur
in mein Leben scheint.

12

Novemberwind.
Hoch überm Bodensee
ein Gehege voll Gänse.
Kühe brüllen, alles starrt
den Wanderer an,
der sich umdreht und weitergeht
und nicht versucht der fallenden Blätter eines
zu fangen.

Orte 1

Rutschenhof-Brünnele

Finkenschlag, Insektengesumm.
In der Doline ein Brunnen.
Nass gluckst aus einem eisernen Rohr,
versickert zwischen Wurzeln und Felsen.
Bäume schweigen ringsum.

Mein Herz muss ein Wasser sein,
es hat einen Gleichklang gehört.

Meine Seele hat etwas gespürt,
das auch in ihr ist.

Runder Berg bei Urach

Eine Feuerstelle – überwuchert von
jungem Gras. In der Erde ruhen die Knochen
von Generationen.

Lachen von Kindern – verweht.
In der Ulme pfeift Wind. Schautafeln beschreiben
die Fantasien der Archäologen.

Ein Schmetterling torkelt
am Text vorbei. In ihm allein ist die Wahrheit
noch immer.

Apfelplantage

Apfelplantage, Bäume optimiert
für die Sonne
und den Griff einer erntenden Hand.

Hinterm Kamm liegt der Bodensee.
Altes Kulturland.
An den Reichtum verlorene Menschen.

Am Hafen ein Weinfest,
Stände werden noch aufgebaut
und eine Tanzfläche.

Der Wanderer summt ein fast
vergessenes Lied. Lautsprecherprobe:
Ein Schlager dröhnt auf.

Bodensee, Anlegestelle Hagnau

Auf der Uferbank sitzt ein Wanderer.
Eingemottete Segelboote, metallischer Klang
aus ihrem Schaukeln heraus.

Touristen an der Anlegestelle,
mit einander beschäftigt. Nur die Alte
zeigt ihrem Enkel das Blau.

Eine Möwe schreit,
schwingt sich vom Pfahl in dieses Blau,
kehrt nicht wieder.

Immenstaad, Landesteg

Über dem Bodensee ziehen Wolken.
Das Blau, noch höher, ist wie ein Jubel,
den niemand anstimmt,
der immer schon da ist, der uns
aufnehmen kann.

Ein Schiff hat angelegt,
Menschen strömen heraus,
plaudern, die Blicke ganz bei einander,
abgewandt von den Wolken,
vom See.

Nonnenhorn

Nonnenhorn, schimmernde Wellen.
Eine Frau ist ans Ufer getreten,
äugt hinaus auf den See.

Meine Seele ist schwer gewesen,
ein Leben lang. Schau ich zurück,
verschwimmen die Augen.

Friedenslinde Bronnweiler

In der Linde rauscht Wind.
Fluglärm drückt auf das Grün und das Sausen
der Landstraße.

Schon wieder ein Krieg
verloren. Die Bienen im Wipfel
summen so leise.

Aus dem Wind fällt
ein Schmetterling. Grashalme biegen sich,
wiegen zurück.

Mörike-Ruhe bei Bebenhausen

Überm Hangwald die Hütte,
mit Sicht auf das Kloster und die Straße
nach Tübingen: *Mörike-Ruhe*.

Ein Elfenfaden blitzt vom Tisch
bis zur Wand, wo ein Text-Ausschnitt hängt:
‚*Bilder aus Bebenhausen*'.

1863 – ist das lang her?
Die Welt blieb sich gleich, nur Namen wechseln,
Gesichter.

Ohnastetten

Eine Wolkenfront treibt Wind
vor sich her. Es riecht nach Regen.
Ohnastetten. Die Linde am Friedhof.
Ich lausche
dem schwankenden Glockenschlag.

Alter Friedhof in Stuttgart

Zwischen bröckelnden Grabmalen
und abgebrochenen Kreuzen sprießt Gras,
wachsen Eschen.

Verkehrslärm ringsum,
ein Brunnen plätschert. Der Stadtstreicher
hat sein Gesicht genetzt.

Apolloquelle Bad Niedernau

Flasche um Flasche füllt am Quell
eine Frau, jung, schön, stellt sie
in den Kasten, den sie zum Wagen trägt,
auf dem gesperrten Weg
hinter der Sprudelfabrik.

Der alte Mann wartet am Wald.
Wenn sie geht, wird an den Brunnen er treten,
das Wasser in die Mulde der Hände
strömen lassen
und trinken.

Hof in Reinsberg

„Hier ist die Zeit stehen geblieben."
Arbeit heißt das und Mühsal.
Ein Walnussbaum beschattet den Hof.

Im Stall beginnen Kühe zu muhen –
sie hören den nahenden Traktor als erste.

Die alten Eltern sitzen am Küchentisch,
Schweinebraten gibt es und Spätzle, nun laufen sie
hinaus auf den Flur,

nach der Ankunft des Sohnes
vom Feld zu schauen.

Fliegen summen.
Hinter dem Mais erhebt sich
ein Windrad.

Nebelfahrt

1

Ein Zug jagt durchs Land,
seine Ladung: Koffer und Menschen.
Er führt sie in den Nebel hinein, den er teilt,
der hinter ihm sich schnell
wieder schließt.

An den Schienen
träumen die Ufer.

2

Kräne am Strom, ein Land der Erfinder.
Die Menschen kennen hinter Bauklötzen
ihr Herz nicht und nicht ihre Heimat
unter den Ansagen steigender Grundstückspreise.
Schienen rosten, aber die Züge sind neu
und beschleunigen noch,
in den Nebel hinein.

Über dem Leitungsgewirr
ziehen Wolken.

3

Zwei Soldaten auf der Bank nebenan
unterhalten sich über Auslandseinsätze,
Besoldungsstufen, Gefahrenzulagen. Die Stimmen
sind düster. Ihr Feldlager ist schwer befestigt.
Die einheimischen Hilfskräfte bleiben unzuverlässig,
Söldner im eigenen Land. ‚Entwicklungshilfe' ist ein
weit dehnbares Wort, noch dehnbarer als etwa
‚Verteidigung'. Das dortige Regime ist hoch verschuldet,
und es wird dafür gesorgt werden, dass das so bleibt.
Den Fluss der Gelder kontrolliert das Geld.
Die Kanzlerin weiß von nichts, und sie weiß,
das ist besser so. Jedes Lächeln ist vieldeutig.
Ein hartes Geschäft. Einen Dollar zu verdienen,
kostet 100 Dollar. Es lohnt sich trotzdem.
Denn die Ausgaben sind Steuergelder.
Im Fernsehen der Drogenfahnder ist wütend:
Mehr als die Hälfte seiner Ermittlungen dürfe er,
Anordnung von ‚oben', nicht weiterführen.
Die kleinen Drogenbanden kämpfen mit Stahl,
die großen mit Tipps, mit ‚Spenden', beispielsweise zur Wahl
der drei aussichtsreichsten Präsidentschaftskandidaten.
„Abschaum schwimmt oben."
Was ist ein ‚kleineres Übel'?
Die großen Erfolge der Fahnder: Züge im Schachspiel
der Banden. Deren Nachschubwege
sichern Armeen.

4

Die lichte Reihe der Bäume
oben am Waldhang, zwischen denen
der Himmel vorlugt –
das Wasser des Flusses, der das Stauwehr
hinabstürzt, zwischen Feuern
des Löwenzahns.

Man wird, was man sieht.
Schienen zeigen den Weg.

5

Ob wir die Schneide des Messers berühren,
ob unsere Finger über die Rinde des Baumes streichen,
ob wir an den Astern riechen,
ob die Hand eines anderen sich uns entgegenstreckt,
ob unsere Hände sich schließen um den Griff einer Axt:

Man wird, was man tut. Schienen führen
vom Augenblick fort.

6

An Lagerhallen vorbei, an Kränen, die über
schnell wachsenden Rohbauten schwanken,
über rostbraune Gleise, in die Freiheit
leichten Gepäcks, in die Gewissheit,
nichts zu sein und zu haben für einen Tag
als sich selbst.

Die Bienen summen immer darin,
die Wasser strömen immer darin.
Sie kennen sich nicht.

7

Was ist der Mensch? Mathematisch betrachtet ein Affe
mit explodierenden Freiheitsgraden –
der sich müht, die Unbekannten alle zu ersetzen,

durch Kühlschränke, Bierkisten, getürmte Höhlen,
Versicherungsscheine, Aktiendepots, bis er alles hat
und wieder gehen kann, woher er kam.

Aber schon Affen träumen zuviel.
Das Meer hat seine Anziehungskraft nie verloren,
etwas im Menschen will ganz zurück,

an die Unterseite einer Koralle etwa,
als ein Zellverband, aus der eine Einheit
sich löst und davontreibt.

8

Die junge Frau im Sitz gegenüber
liest ‚Leben mit dem Krieg'. Ihr Gesicht
wirkt allerdings hart. Doch nun
klappt sie das Buch zu, lehnt sich zurück,
schließt die Augen.

9

Im Traum hab ich das Leben geahnt.
Wenn ich die Augen öffne,
spür ich die Schwerkraft viel mehr,
seh ich nur Grenzen und Machtverhältnisse,
nicht mehr die Möglichkeiten,
den Zauber des Seins.

10

In Schneereste und fahles Gras
niedergebrochene Äste.
Ein dünner Dunst liegt im Tal.

Gelbes Moos auf den Ziegeln des Turms.
Unser Zug steht,
doch wird weiterfahren.

Überall sind wir zu Hause.
Unser Herz schlägt
und will weiterschlagen.

11

Jeder weiß, wohin er will. Nur nicht der Himmel.
Winde zerren an den Leben der Menschen.
Schienen legen einen Weg für die Träume.

Jemand schrieb ein Buch über Falkenjagd.
Jemand hat ein Schwanenei
in das Nest einer Gans gelegt.

Jemand hat die goldene Gans getauscht
für einen Platz auf dem Brunnenrand.
Der Prinz ritt aus dem Schloss in den Wald.

12

Oberleitungsschaden,
„auf unbestimmte Zeit“ im Zug festgesetzt,
während draußen der graue Tag
dauert und dauert.

Keine Bahnhofstauben in Sicht, da ist nur
das Rauschen der Klimaanlage.
Woher, wohin sind vergessen.

In jede Richtung davon

Auch in mir

Am Brunnen blitzen Libellen,
singt eine Weide im Wind.
Ich höre sie,
denn ihr Lied ist ein Lied
auch in mir.

An der Rose

Leerer Walnussbaum.
Ein Eichhörnchen verharrt,
sieht zum Mond auf.

Blätter rascheln am Boden.
Jetzt sind auch die Menschenschritte
verstummt,

an der Rose.

Morgenlicht

Reif im kurzen Gras
einer Pferdekoppel. Zwei Krähen
erheben sich, fliegen fort –
auf ihren Schwingen
das Morgenlicht.

Wintermorgen

Frühmorgens am Bahnhof
Signale auf Rot. Amseln singen
den letzten Wintertag ein.
Mein Atem: Weiße Wolken ins Offene.
In Pfützen steht Regen.

Vergessen

Unter grauem Himmel ein Zug
durch Industrieareale, durch Fluchten
der Lagerhallen.
Wohin, wozu
ist vergessen.

Atemzüge

Am Klosterweiher,
zwischen langen Gräsern und Löwenzahn,
ist die Zeit liegengeblieben.

Schläge der Turmuhr: drei.
Gedanken: keine.
Atemzüge: ungezählt.

Kaminfeuer

Am künstlichen Kaminfeuer
des Kaffeehauses eine Gruppe Studenten.
Ihre lauten, fröhlichen Stimmen.
Das Klappern von Geschirr an anderen Tischen.
Draußen liegt Schnee.

Hinausgelehnt

Hinausgelehnt, so übern Rand
meines Horizonts, hinein in die Welt,
in den Hummelflug, ins wogende Gras,
in den Blick eines Mädchens,
das auf dem Flussweg geht,
das vorausschaut,
in ihren Abend hinein.

So still

Der schartige Mond berührt
einen Baum auf dem Hügel.
Schlittschuhläufer schneiden Kurven
ins Eis des Anlagensees.
Paare gehen ins Dämmern hinein.

Wintersonnenwende.
Was gestern in mir noch fragte,
ist still.

Gewollt

Rostige Schienen, Lagerhallen
ziehen am Gleis sich entlang,
Lieder der Jugendzeit.
Ein offener Weg in die Wiesen,
Pappelreihen am Bach.

Was hab ich denn immer gewollt?
Wann wird das Wollen je enden?
Blaue Fässer an einem Wellblechverschlag.
Eines ist umgefallen,
vor den blühenden Hasel.

Grüner denn je

Im alten Bahngebäude
die schwarzen Löcher der Fenster.
Alle Scheiben sind eingeschlagen.
Efeu rankt,
grüner denn je.

Gestreift

Unter losen Blüten sitzen,
im gesprenkelten Gras,
die Kamera in der Hand
ist vergessen, ein paar Momente
nur lauschen.

Die Biene summt aus einer
anderen Welt, gerade hat sie meinen
Finger gestreift.

Fegefeuer

1

Im Ahorn spielt Abendlicht.
Die gläserne Reinheit des Himmels.

Vögel pfeifen. Eine Mückensäule
steht über dem Weg am Fluss.

Wenn es angerührt wird, zeigt jedes Herz,
dass es schlägt.

2

Es ist nicht, was einer sieht,
es ist, was er mit seinen Schritten
verändert.

Es ist der Klang eines Vogels,
der sich ändert, wenn einer vorbeikommt,
der den Gehenden ändert.

3

Schritt vor Schritt setzt der Wanderer,
bringt in die Welt das Gehen, das Unbehaustsein,
für den Atem den Rhythmus,
der ihn sicher macht.

Weiden und Zäune, Stacheldraht.
Das Kasernenviertel ist noch schwerer befestigt.
Doch der Himmel entwischt durch jeden Spalt,
den die Maurer ihm lassen.

4

Die Krone des Ahorns zu Haufen gerecht,
die keiner will. Ein Räumfahrzeug summt.

Unter der Erde beginnt schon das Neue,
während das Alte noch fällt.

Durch Leid erst kann das Strahlen des Wanderers
werden wie das Strahlen der Sonne,
die kein Leid kennt.

5

Aus der Aktenmappe
hat einer die Wahrheit verloren. Er sucht sie
im Staub, nicht bei sich.

Die Straße führt durch den Himmel,
der uns verbindet,
während die Erde uns trennt.

6

Eingefangen und zugeklappt in Schulbüchern,
platt gemacht, dienstbar, mit Belobigungschancen,
auf einer hypothetischen Linie.

Eingefangen in virtuellen Welten,
wo jeder ein Held sein kann, ohne die Beunruhigung
eines schneidenden Schwerts.

Eingefangen im Demonstrationszug,
dass alles seine Ordnung hat.
Doch Windmühlenräder können auch hart sein.

Verfangen im Spinnennetz.

7

Blättert der Trug ab, erscheint der Belag
dieser Straße, wo die Erde nicht sein darf,
was sie ist.

Sie darf sein im Gebirge,
wo der Stein fest ist und kein Leben zulässt.
Sie darf sein, wo das Haus steht,
wo Menschen die Treppen
auf- und niedergehen, von den Wolken
bis zur Quelle, wo sie sich Wasser schöpfen,
das dann durch sie rinnt, das sie sind.

Nur hier auf dem Flughafen darf die Erde
nicht sein, ist der Raum für das Fegefeuer,
für das *Dazwischen*.

8

Auf deinem Laufrad, Hamster,
kommst du weit herum in der Welt.
Unter dir wechseln Schnellzüge, Autos, Flugzeugmotoren.
Doch nur wer stehenbleibt,
kann die Bewegung der Erde spüren
und die Bewegung in sich.
Nur wer stehenbleibt, kann sein Herz pochen hören
und die Welt, gegen die es immerfort schlägt.

9

Nicht die Wahrheit des Richters
mit seinem Ja oder Nein,
sondern die des Begegnenden,
dass sich etwas eröffnet, wenn er
das Wasser berührt, dass sich ihm etwas
eröffnen kann, dass er vielleicht selbst
eröffnet wird.

10

Seit die Welt sich dreht,
strömt das Wasser vom Himmel abwärts,
zwischen störrischen Steinen
die Tiefe zu finden und ganz zu erfüllen
das Meer.

Seit sich die Welt dreht,
ist die Liebe am Ende immer gescheitert
und hat sich trotzdem erfüllt
und weitergegeben,
ins Leben.

Verwundet

Mit Morgenlicht

Nach dem Gewitter.
Auf die Landzunge hochgezogen ein Kahn,
in den Schmutz.
Schwäne putzen ihr Gefieder
mit Morgenlicht.

Alte Bäume

Im Park. Die hohen alten Bäume
um mich, sie könnten Freunde sein
und sind es nicht, wir träumen nur.

Die Sonne sank schon hin.
Ringsum noch Menschenschritte, fern.
Noch ferner dröhnt Verkehr,

und ganz, ganz fern
hör ich den Himmel, hör sein Schweigen,
und in dem Schweigen

bin ich auch.

Verwundet

Apfelblüten am Hang.
Grillen zirpen die Farben des Lichts,
Autos rauschen vom Tal.

Ein Mann sitzt da,
eine Klippe im Grasland, weit unterm
unberührbaren Himmel.

Wie die Welt rings um ihn
brandet. Wie alles aneinander
sich bricht.

Wie das Licht, das die Gräser
belebt,
der Ort ihres Todes ist.

Am Weiher

Im Spiegel, heißt es,
siehst du dein wahres Gesicht.
Ich sehe Wolken.

Windgekräusel auf Wasser,
wo in den Abend Goldfische schimmern.
Libellen flitzen zum Schilf.

Um den Weiher will ich gehen,
dorthin, wo diese Wolken ziehen.
Dornbüsche halten mich fern.

Ringsum

Geschlagene Kiefernzweige.
Sägmehlhaufen auf feuchtem Moos.
Zwei Tauben haben lange
gegurrt,
sind fortgeflogen.

Ein Tag vor dem Ende der Welt

Zwischen gefällten Bäumen
Menschen mit Äxten und Beilen,
eine Schneise räumen sie frei, für den Traktor,
der Stämme ziehen soll,
in den befestigten Himmel.

Zwischen Wellen der Motorsägen
Vögel, schmelzend süß ihr Gesang.

Gesprenkelt mit Laub

In den Wipfeln das Rauschen
ist tiefer geworden. Eine Matte, blau
wie der Himmel von gestern,
liegt mitten im
gefallenen Laub.

Mückenspiel

In den Blick des Wanderers
hat sich ein Mückenspiel eingenistet,
tanzt immer, tanzt, vor reinem Himmel
und herbstlich verdunkelten Linien
der Berge.

Ins Tal

Myriaden Knospen –
der Hangwald ist rot, und rot ist
die Stimme des Windes.
Ringsum auf Bergen liegt Schnee.
Der Pfad führt ins Tal.

Wieder erlischt

Auf fahlen Gräsern liegt Tau,
der zu glimmen beginnt,
wenn die Wolken sich öffnen,
wie eben jetzt, und der, wenn sie schließen,
wieder erlischt.

Orte 2

Der Blautopf

Die Klarheit gespiegelter Eschen
im Blautopf. Die Unklarheit der Menschen,
die ihn umschreiten, im Takt
eines Mühlrads, zugewandt nur einander,
den Schatten.

Wie das Wasser im Lärm
seine Stille behält.

Welche Sagen die Menschen herlockten,
für einen Blick in den Spiegel.

Kloster Blaubeuren

Wo Mönche den Himmel zu berühren versuchten,
bummeln heute Touristen. Der Hochaltar
ist zu besichtigen: „Eintritt 5 Euro“,
liest ein Junge stockend dem Vater vor.
Radfahrer rasten im Schatten.

Als ich mich frage, was fehlt,
kommt keine Antwort.

Als ich dorthin lausche, wo keine Antwort ist,
werden die Pflastersteine ganz klar.

Weilerburg

Bei Rottenburg auf einer Kuppe über dem Neckar
standen zwei Wiegen: Gertrud und Albrecht.
Die Geschwister wuchsen heran zwischen Bäumen.
Mit Gertruds Brautschleier begannen
die glänzenden Hochzeiten Habsburgs.
Doch das Schwert ihres Bruders zerbrach,
er starb in der Schlacht, das Herzogtum Schwaben
stand nie wieder auf.

Was blieb von Albrecht?
Lied und Bild in der Manessischen Handschrift.
Ein Sängerturm steht an Stelle der Burg.

Was blieb von Gertrud?
Ein Sarkophag. Eine Krone. Kinderlachen.
Die Welt.

Geschlossener Ausschank.
Mundharmonikatöne.
Durch kahle Wipfel zieht Wind.
Ein Wanderer spielt auf dem Himmel
ein Lied.

Das Liederbuch

Universitätsbibliothek Heidelberg.
Die Tür im ersten Stock ist verschlossen.
Das Manessezimmer wird für eine Ausstellung
neu hergerichtet. Ein Faksimile des Liederbuchs
ist im Gang ausgestellt, hinter Glas. Das Original
dunkelt im Tresor, zu einem Vermögen
Versicherungssumme. Im Innenhof junge
Ahornbäume. Laub färbt sich, bald wird es
wehen im Wind. Bald wird es
kein Entkommen finden aus dem steinernen Hof.
Besen kehren es weg.

Seifertbrunnen

Im Seifertbrunnen bei Weilheim
eingemeißelt die Ziffern meines Geburtsjahrs.
Aber gespendet hat er seither
viel mehr als ich, freigiebig,
ohne zu fragen oder zu wollen,
ohne Gerechtigkeit,
einfach alles,
was er selbst hat.
Die Brunnen werden länger bestehen
als wir.

Hof *Hummelshalde*

Von der Wallfahrtskapelle
zwischen Bäumen den Rechberg hinab,
auf dem *Pfefferweg,* Mondviolen am Pfad,
wir gehen vorbei
an Vergissmeinnicht.

Über Zäune steigen – halbhohes Weidegras,
Apfelbäume in später Blüte,
Wasser ist unter den Tritten von Kühen
zerstampft. Auf dem Hof ein Blick
in die Ställe.

Die Bäuerin klagt über den Hühnerhabicht.
Der Bauer stellt Most auf den Tisch.

Familienbilder an der Wand –
ich erkenne die Liebste unter den Schwestern kaum.

Auf dem Weg ins Dorf dann ihr Strahlen:
Alle Plätze voll Kindheit. Und der Bach flutet
mitten hinein in die Gegenwart.

Lauterquelle

Alte Augen – ein langer Blick
aus dem Quelltopf, wo Nonnen badeten,
hinter der Biegung aus Zeit.

Septemberfarben, irgendein weiteres Jahr.
Spatzen zwitschern. Das Kloster ist nun Teil
des hochberühmten Gestütshofs.

Stuten weiden auf den Wiesen
am Hang. Noch höher spannt sich
der Himmel.

Immer noch strömt Wasser
durch einen Spalt aus der verborgenen Welt.
Gräser wachsen ins Licht.

Nehren

Ein Fußpfad, an wilden Gärten voll Tulpen
vorbei, wir wollen die Kirche besuchen.
Ein Trauergottesdienst hält uns ab.

Zufällig entdecken wir das Geburtshaus
Hans Vaihingers, reden über Nützlichkeit
und Philosophie

unter den Kirschwiesen,
wo die Sonne zu Süße wird, als ob unsere Münder
sie schmecken will.

Ulmer Münster

Die Stadtführerin erzählt Geschichten,
verkleinert das Ungeheure, die Hybris und Tiefe,
ins Menschlich-Verständliche. Kinder sind wir, schmunzeln
über dieses und jenes, verbergen unsere Tränen,
zeigen einander nicht, wie wir ergriffen sind,
um nicht zu verraten, dass wir wissen, wie sehr
wir versagen.

Kein Schmetterling hier in der Weite der Kuppel,
der mit uns einfach nur wäre.

Keine Biene hier in der Weite der Kuppel,
die einer sinnvollen Arbeit nachginge.

Stattdessen Ranke um Ranke, aus Träumen,
die Säulen hoch,
die sich aus Träumen erheben.

Alte Oper Stuttgart

Am Parksee vor der Alten Oper Stuttgart
ein Brautpaar. Wind spricht mit dem Wipfel
der dicken Platane.
Menschen schlendern auf Wegen,
sitzen im Gras.

Die Richtung der Wolken
ist immer dieselbe, der Himmel
wird trotzdem nicht leer.

Herbstabend in Nürtingen

Am Schlossberg Nürtingen
eine Töpferei – junge Leute lachen,
hängen gemeinsam ein Schild auf.
Am Hölderlinhaus steht „Hölderlinhaus“,
das sind nun Räume
der Volkshochschule.

Eine Tafel am geschlossenen Portal:
„Die Kirchenöffnungssaison ist vorbei“, die nächste
beginnt Ostern. Die Linde sagt nichts,
obwohl sich ihre Blätter schon färben.
Ein Dreirad ist umgestürzt:
Irgendwo hier lebt ein Kind.

Viele schöne Brunnen hat die Stadt,
einer, im Abseits, ist nach dem Dichter benannt.
Wasser spendet er nicht.
Wir wollen an ihm Atem holen,
bis zur nächsten Saison. Auf seinem Grund
sammelt sich Müll.

Hüttwilen

Ein Kind an der Seite der Mutter
den Weg hinunter ins Dorf, zum Bäcker,
an Satellitenschüsseln vorbei.

Schweizer Wohlstand hängt in der würzigen Luft.
Einige Häuser sind frisch renoviert, im alten Stil,
mit Blumenkästen.

Die Stille atmet. Kein Hahn schreit,
obwohl es Morgen ist. Niemand
ist auf dem Kirchgang.

Eine Katze schleicht um das Haus.
Die Wolken ziehen, doch der Himmel
scheint unbewegt.

Im Abseits Gesichter

1

Markttag in Freiburg.
Auf der Holzbank im Münster sitzt eine Bäuerin,
Kopftuch trägt sie, Schwarzwälder Tracht.
Am Strömen der Menschen schaut sie vorbei,
zum umwimmelten, zum unberührt stillen
verschneiten Altar.

2

Eine Touristengruppe singt „Halleluja“.
Die eckigen Bewegungen der Chorleiterin,
bis die Stimmen ineinander vergehen und auch die Gruppe
verschwindet, im Hall. Der Stein ist zurückgetreten,
Fremdenführer erreichen ihn nicht, in seiner Gegenwärtigkeit
versickern alle Sprachen der Welt.

Eine weitere Gruppe tritt durchs Portal:
Erzieherinnen, mit einer Traube aus Kindern.

3

Die Stille wächst, als mitten im Meer aus Hall
ich eine Säule betrachte und mein Blick ihr folgt,
bis nach oben.

Im Streben des Steins auf zum Himmel,
im Schwung der Bögen scheint etwas zu sprechen –
nicht wie die Stimmen der Propheten,
sondern nüchtern, klar, wahrhaftig,
ein Herzschlag.

4

Der grauhaarige Sohn, Professorenhände, schiebt
seine Mutter im Rollstuhl durch den Mittelgang.
Zwischen Bankreihen wenden sie, stehen, erörtern
architektonische Feinheiten.

Was soll ich reden, wenn mein Herz einfach pocht –
ich hör es im langen Hall dieses Steinwalds –,
wenn ich selbst vorgehe, zu den tanzenden Lichtern
unterm Bild der Maria.

5

Ein Gang durch Flutlicht.
Unter der hochaufstürzenden Orgel
kramen Handwerker. Das Münster
wird renoviert.

Marienkerzen flackern
im geschäftigen Wind, leuchten im Abseits,
erleuchten im Abseits
Gesichter.

6

Es ist die Gewissheit, dass mein Blut strömt,
dass die Stille da ist, dass sie mich aufnehmen kann
und verwandeln. Es ist das Gespür, dass die Steine fest sind
und rau, dass meine Stimme, von Wänden geworfen,
zurücktönt zu mir.

Wenn ich allen Glauben auslösche,
sind die Säulen immer noch da.

Wenn das Kreuz und die Bilder sich lösen,
wird die Stille noch größer.

Wenn ich mich hingebe an diesen Raum,
atmet der Raum auch in mir.

Wenn ich den Raum auch in mir spüre,
bin ich hier.

7

Baugerüste sind hochgewachsen
an Säulen bis in den Himmel.
Planen verdecken Arbeit
vor Touristenaugen, die Ewigkeit suchen
und nur hallende Laute finden,
der eigenen Worte,
der Worte von Fremden.

Ich berühre das Metall dieser Strebe
und spüre den kühlen Altar.

Ich schaue am Gerüst in die Höhe
und spüre den Raum meines Lebens.

8

Stein und Bein durchdringende Töne,
die Orgel wird gestimmt, während Abenddämmern
durch hohe Fenster in die Verwandlung drängt,
während mein Herz schlägt
und sich bereit macht,
nach jedem Schlag
für den nächsten.

9

Draußen am Münster
die Bächle, und so viele Läden bieten Halt
für mein Leben.

Auf Plakaten frohe Gesichter,
Süßigkeiten, Sträuße von Blumen,
Gehäuse um starke Motoren.

Angebote umschmeicheln meine
unvollkommenen Träume, die sich ändern,
mit jeder Veränderung.

Oberlindenbrunnen.
Ich sehe zur Heiligen auf,
mich berühren zu lassen, ohne zu glauben,
und neige mich
vor dem rührenden Gold.

10

Auf halber Höhe des Schlossbergs.
Diesen ganzen Augenblick schaut einer das Münster an,
das zwar zurückschaut, doch blind,
das einfach nur ist, sich dem Himmel nähert,
seit Zeiten, und das ihn womöglich jetzt
einen Moment
fast erreicht.

Irren wir nicht

In den Staub

Weißt du, wie viele Aufbrüche es gab,
Tag für Tag, Stunde um Stunde?
Und immer sinken wir zurück in den Staub.

Wir irren, wenn wir an Himmel denken
und Erde. Nur bei den Wolken
irren wir nicht.

Diesel und Sägespäne

Wie der Schnee zwischen Bäumen
den Raum weit macht.
Wie der Klang einer Motorsäge
die Weite vertieft.
Wie der Geruch von Diesel und Sägespänen
mich ganz hierher holt,
in die gemeinsame Wirklichkeit.

Am blauen Himmel Sonne,
vertraut.

Blatt und Spiegelbild

Die Sonne scheint ferne Bäume
mild zu berühren.
Und ist ihnen so fern wie mir.

Das Blatt und im Waldsee sein Spiegelbild,
wenn je sie sich treffen,
ist es für beide der Tod.

Abendstimmung im Februar

Oranger Himmel im Westen.
Die dunklen Flächen des Schlosses.
Schatten von Vögeln, die sich dort lösen
und kreisend vergehen.
Vom Fluss bricht der Ruf eines Blässhuhns ein
in die Stille.

Vom Bleiben

Niedergelassen am Waldbach.
Meine Finger berühren
haltlosen Sand.
Nur das Moos auf dem Felsen
wispert vom Bleiben.

Andere und andere

Geschwungene Brücke.
Im Rollstuhl die graue Frau
schaut in den Fluss,
wo braune Frühlingsfluten rollen,
immer andere und andere.

Ende der Welt

Dicht überm frisch gemähten Gras
schwingt durch den Park eine Taube
zum Wasserbecken, während die junge Frau
weiter ihr Skript liest und das Ende der Welt
näher und näher rückt.

Bahnhofplakat

Vom Bahnhofplakat steht die Ecke
einer Papierbahn ab, und unter
dem hungernden Kind
wird etwas anderes sichtbar,
nicht genau zu erkennen,
nur Grün und Weiß,
vielleicht eine Bierwerbung,
ein Stück gebannter
Natur.

Geschlossen

Zwischen Drähten geordnet
die Scherben des Himmels.

Wenn ich die Augen schließe,
wird alles heil.

Wenn ich die Augen öffne,
hat sich der Himmel um die Drähte
geschlossen.

Momente

Niedergelassen am Brunnen.
Fliegen summen.
Flugzeuge mischen sich ein.

Was mich erreicht, sind Momente,
Atemstillstände, Einbrüche strömender
Gegenwart.

Sonne blinkt auf dem Waldbach.
Ob all das Wasser sich irgendwo sammelt,
weiß niemand.

Mein Atem

Hauptbahnhof Offenburg.
Mein Zug füllt sich langsam. Ein anderer
rollt schnell vorbei. Andauernd Positionsveränderungen
unter dem Großen Wagen.
Die Welt ist voll Schienen. Nur mein Atem
ist immer zu Hause.

Wasser zurück

Aus dem Himmel stößt eine Möwe
schräg in den See, verschwindet in ihm,
steigt wieder auf.

Aus ihrem Schnabel tropft Wasser
ins Wasser zurück.

Zu Buch und Autor

Die Verse entstanden 2007 bis 2011. Ihre Zusammenstellung und Bearbeitung erfolgte November 2011 bis August 2013.

Der Autor: Volker Friebel, an einem Schneesonntag gegen Ende des Jahres 1956 in Holzgerlingen geboren, Studium der Psychologie, Promotion, tätig als Ausbildungsleiter, Schriftsteller, Fotograf und Musiker. Er lebt in Tübingen.

Literarische Veröffentlichungen

Alle in der Edition *Blaue Felder*, Tübingen:
www.Blaue-Felder.de

* Ein Rest reiner Wahrheit. Prosa. 2007.
* Brunnensteine. Gedichte und Haiku. 2. Ausgabe 2008.
* Nachricht von den Wolken. Gedichte und Haiku. 2. Ausgabe 2009.
* Zonen der Kampfjets. Gedichte und Haiku. 2010.
* Die sieben Töne des Waldes. Gedichte, Haiku und ein Essay. 2011.
* Haiku. 200 Fundstellen. 2012.
* Gejagt von Wolkenschatten. Haiku. 2013.
* Oberleitungsschaden. Gedichte. 2013.

Literarisch im Netz

www.Quellensteine.de